NATIONAL GEOGRAPHIC

Saturno

El mundo de los anillos

EDICIÓN PATHFINDER

Por Lesley J. MacDonald

CONTENIDO

El mundo de
los anillos

○ Por Lesley J. MacDonald ○

Saturno es uno de los planetas más conocidos. Sin embargo, también es uno de los más misteriosos. Las naves espaciales nos dan nuevos puntos de vista de este asombroso mundo de los anillos.

● Alguna vez te has preguntado cómo sería volar entre los anillos de Saturno? Una **nave espacial** robótica tuvo la posibilidad de hacerlo. Se llama Cassini.

En 2004, Cassini llegó cerca de Saturno. La nave espacial había pasado más de siete años recorriendo velozmente el espacio. Había viajado más de 2,2 millones de millas. Ahora Cassini se enfrentaba a la parte más peligrosa de su misión.

Cassini atravesó los anillos de Saturno. Tuvo que cruzarlos volando. Los anillos están compuestos por millones de pedazos de hielo y roca cubierta de hielo. Algunos pedazos son del tamaño de un grano de arena. Pero otros son grandes como una casa. ¿Podría Cassini evitar una colisión?

Afortunadamente, Cassini logró atravesar los anillos sin un rasguño. La nave espacial después comenzó a **orbitar**, o a dar vueltas alrededor de Saturno.

Cassini no es la primera nave espacial en ir a Saturno. Voyager 2 visitó el mundo de los anillos en 1981. Pero no se quedó por mucho tiempo. Después de tomar cientos de fotografías, se alejó.

Cassini, por el contrario, no va a ir a ningún otro lugar. Está programada para orbitar Saturno durante cuatro años. La misión incluso puede durar más. ¡Hay muchísimas cosas que los científicos quieren aprender sobre Saturno y sus anillos!

Un gigante de gas

Saturno es el segundo **planeta** más grande de nuestro sistema solar. Un planeta es un objeto grande que orbita alrededor de una estrella. Solo Júpiter es más grande. Saturno es tan grande que cabrían dentro de él 750 planetas del tamaño de la Tierra.

Como su vecino más grande, Saturno está formado por gases. Todo lo que vemos en Saturno son nubes de gases. Sin embargo, puede haber un pequeño núcleo sólido enterrado bajo esas enormes nubes.

Los gases de la **atmósfera** de Saturno parecen tranquilos. No lo están. Se mueven velozmente. Saturno es azotado por enormes nubes, tornados y huracanes. En el ecuador, los vientos pueden alcanzar las mil millas por hora.

El señor de los anillos

Saturno es bien conocido por sus hermosos anillos. No es el único planeta con anillos. Otros tres planetas: Júpiter, Urano, y Neptuno también tienen anillos. Sin embargo, esos anillos son más delgados y más difíciles de distinguir.

Desde muy lejos, los anillos de Saturno parecen un brazalete único y perfecto. Pero de cerca, las cosas son muy diferentes. El planeta en realidad tiene aproximadamente mil anillos diferentes. Algunos incluso están entrelazados.

Hay pequeños **satélites** que orbitan junto con algunos anillos. Es posible que su gravedad ayude a mantener unidos los anillos. Sin los satélites, las partículas que forman los anillos podrían alejarse flotando.

Viajando con audacia. *La nave espacial Cassini se lanza hacia Saturno. Debajo de ella está Titán, una de las 33 lunas conocidas de Saturno.*

Anillo alrededor del planeta. *El famoso anillo de Saturno, en realidad, está formado por unas mil bandas. Estos colores muestran algunas de ellas.*

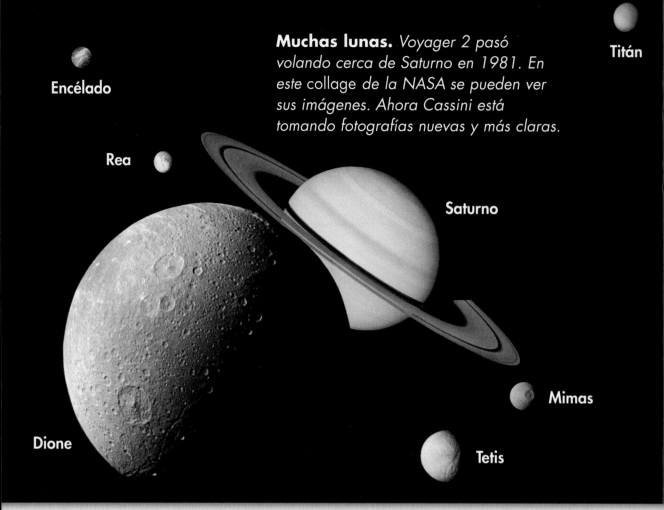

Muchas lunas. *Voyager 2 pasó volando cerca de Saturno en 1981. En este collage de la NASA se pueden ver sus imágenes. Ahora Cassini está tomando fotografías nuevas y más claras.*

Encélado

Titán

Rea

Saturno

Mimas

Dione

Tetis

Te presentamos las lunas

Saturno tiene más de treinta **lunas**. Cassini descubrió dos de ellas. Y es posible que la cantidad de lunas siga aumentando.

Los científicos aún tienen mucho que aprender sobre las lunas de Saturno. La mayoría son relativamente pequeñas. Solo cinco, de hecho, tienen más de 600 millas de diámetro. La Luna de la Tierra, en comparación, tiene 2500 millas de diámetro.

Cassini nos está proporcionando imágenes más claras de las lunas de Saturno. ¿Cómo son las lunas?

Encélado es uno de los objetos más brillantes de nuestro sistema solar. Su superficie de hielo refleja muchísima luz del Sol.

Mimas tiene un cráter enorme. Tiene 80 millas de ancho y 6 millas de profundidad. El cráter cubre aproximadamente un tercio de la superficie de la luna.

Tetis tiene zanjas largas y profundas. También tiene pequeños satélites. ¡Imagínate, una luna con lunitas!

Luna misteriosa

La luna más asombrosa es Titán. Es la segunda luna más grande de nuestro sistema solar. Y es posible que sea la más fabulosa. Titán está cubierta por una gruesa atmósfera. El aire está compuesto principalmente por el gas nitrógeno.

Algunos científicos creen que puede existir vida en la superficie de Titán. Para descubrirlo, Cassini está prestando especial atención a esta luna. La nave espacial examinó a Titán de cerca. Cassini nos dio un primer vistazo de la superficie de la luna.

Cassini vio rayas oscuras sobre parte de la gigantesca luna. ¿Qué las causó? La respuesta puede estar flotando en el viento. Tal vez los vientos fuertes arrastraron materiales sobre la superficie.

Cassini también detectó grandes manchas oscuras en Titán. Puede que sean lagos. De ser así, no están llenos de agua. Titán es demasiado fría para el agua en estado líquido. En lugar de eso, los lagos podrían estar llenos de metano líquido. En la Tierra, el metano es normalmente un gas.

Aterrizaje seguro. *Esta imagen muestra la nave espacial Huygens aterrizando de manera segura en Titán.*

La misión continúa

Los científicos aún quieren saber más sobre Titán. Las imágenes que tomó Cassini no muestran demasiados detalles. Uno de los lagos tiene la forma de una gran cabeza de gato. Otras características se ven o claras u oscuras. Los científicos quieren ver mejor la superficie.

Es por eso que Cassini llevó una pequeña nave espacial a Saturno. Se llama Huygens. La nave se fabricó para alunizar en Titán.

Después de un viaje movido, Huygens llegó a la superficie de Titán. Y luego comenzó a recabar información, muchísima información. La nave espacial estudió tanto la superficie como la atmósfera. Encontró muchos ríos en la superficie lunar.

Cassini recién ha comenzado su gran aventura. No sabemos qué otros descubrimientos fascinantes realizará. Tal vez un día las personas puedan seguir a la nave espacial y visitar Saturno. Solo podemos imaginarnos las cosas que verán.

Vocabulario

atmósfera: capa de aire alrededor de un planeta o luna

luna: objeto grande que gira alrededor de un planeta

nave espacial: vehículo que vuela a través del espacio

orbitar: dar vueltas alrededor de otro objeto en el espacio

planeta: objeto grande que gira alrededor de una estrella

satélite: luna pequeña

¿Qué importancia

Las naves espaciales Cassini y Huygens nos proporcionan vistas asombrosas del espacio. Muestran todo, desde las tormentas de Saturno a los satélites girando alrededor del planeta. ¿Pero cuál es la historia de esas naves espaciales? ¿Por qué tienen esos nombres tan extraños?

Las naves espaciales llevan los nombres de los científicos que cambiaron nuestra manera de ver a Saturno. Christiaan Huygens y Gian Domenico Cassini vivieron hace mucho tiempo. Sin embargo, sus descubrimientos sobre este planeta con anillos realmente fueron de otro mundo.

Investigación de los anillos.
Huygens (abajo) descubrió los anillos de Saturno. Este dibujo de Huygens muestra a Saturno con un anillo sólido (derecha).

Encontrando anillos

Huygens y Cassini vivieron en los años 1600. En esa época, las personas no sabían mucho sobre el espacio. Los científicos no tenían naves espaciales ni cámaras. Las herramientas del oficio eran simples telescopios.

Eran simples tubos con cristales curvados adentro. Sin embargo, en las manos correctas, podían mostrar detalles increíbles del espacio.

Huygens usó un telescopio así. Con él, vio cosas que nadie había visto antes. En 1655 descubrió a Titán, la luna más grande de Saturno. Al año siguiente, Huygens descubrió que había anillos alrededor de Saturno.

Al principio, las personas pensaron que estaba loco. ¿A quién se le podía ocurrir que hubiera anillos alrededor de un planeta? Sin embargo, no pasó mucho tiempo para que se aceptara la idea. Saturno pronto se hizo famoso por sus anillos.

Espiando hacia el espacio.
Cassini y Huygens usaron telescopios simples como este.

Los estudios de Cassini. *Cassini (arriba) también estudió a Saturno. Este dibujo muestra la brecha que encontró entre los anillos (izquierda).*

Cerrando la brecha

Gian Domenico Cassini vivió aproximadamente en el mismo tiempo que Huygens. A mediados del siglo XVII, los dos trabajaron en París, Francia. Ambos estudiaron las estrellas con un gran telescopio que había allí.

Cassini se hizo conocido en un principio por sus descubrimientos sobre Júpiter y Marte. No obstante, Cassini es más recordado por sus estudios sobre Saturno. Supuso que los anillos de Saturno estaban formados por material rocoso. Descubrió cuatro de las lunas de Saturno. También fue el primero en ver una brecha en el sistema de anillos de Saturno.

En la actualidad, este gran espacio entre los anillos se llama división de Cassini. Los fabulosos descubrimientos de Cassini lo convirtieron en uno de los científicos más respetados de su época.

Días de descubrimiento

Cassini y Huygens usaron los mejores telescopios disponibles. Pero también usaron sus cerebros. En primer lugar, estos científicos estudiaron el cielo. Luego, pusieron a trabajar sus habilidades matemáticas. Hicieron cálculos para descubrir cómo se movían los planetas.

Para los estándares actuales, Cassini y Huygens usaron herramientas simples. Sin embargo fueron capaces de descubrir qué aspecto tenían los planetas y cómo se movían. Juntos, estos hombres cambiaron la forma en la que las personas entendían el espacio.

Los científicos como Cassini y Huygens realizaron increíbles descubrimientos. Pero aún hay mucho que aprender. Los científicos descubren más cosas todos los días. Sin embargo, cada descubrimiento da paso a nuevos interrogantes. Algún día tal vez puedas ayudar a encontrar las respuestas.

Un cambio en nuestra

Mucho ha cambiado desde la época en la que Cassini y Huygens estudiaron el espacio. En la actualidad tenemos herramientas que nos permiten estudiar los planetas y las estrellas en formas que estos científicos jamás habrían podido imaginar.

No solo contamos con poderosos telescopios en la Tierra. Sino que también tenemos telescopios girando en el espacio. Incluso tenemos naves espaciales con cámaras que nos envían imágenes de mundos más allá de la Tierra.

Herramientas como estas nos permiten ver el espacio como nunca antes. Cada una nos da nueva información sobre el espacio.

Vistas desde la Tierra

Los telescopios que usamos en la Tierra vienen en todos los tamaños. Los telescopios pequeños permiten que las personas estudien los planetas y las estrellas desde sus propias casas. Pero los científicos serios necesitan telescopios más potentes.

Algunos de estos telescopios gigantes están en las cimas de las montañas. Allí el cielo es más oscuro y más despejado que en las ciudades. Sin embargo, el cielo puede hacer que los objetos distantes se vean borrosos, y algunas cosas están demasiado lejos para verse con claridad. Por eso, los científicos han encontrado formas de tener una mejor vista. Envían telescopios al espacio.

Viendo en el espacio.
El telescopio espacial Hubble orbita alrededor de la Tierra. Proporciona vistas claras de las profundidades del espacio.

Imágenes desde el espacio

En el espacio, los telescopios no son afectados por las luces o la contaminación. La visión es clara como el cristal. Hoy en día, nuestras mejores vistas del espacio provienen de las naves espaciales cargadas con telescopios y cámaras. Muestran detalles que no se pueden ver ni con los telescopios más grandes de la Tierra.

Algunos de estos telescopios orbitan la Tierra. Otros viajan lejos de la Tierra y se adentran en el espacio. Envían imágenes de lugares a los que las personas no pueden ir. Estas naves espaciales nos permiten explorar planetas, lunas y estrellas de nuevas maneras.

Vistas futuras

Los telescopios que usamos en la actualidad cambian nuestra manera de entender el espacio. De hecho, una nueva nave espacial puede ayudarnos a aprender más sobre un planeta enano lejano llamado Plutón.

In 2006, la nave espacial New Horizons se envió a Plutón. Viajará durante ocho o nueve años antes de llegar al planeta enano. En el camino, brindará a los científicos nuevas vistas del espacio. New Horizons será la primera nave espacial en visitar Plutón. Los científicos creen que sus descubrimientos bien valdrán la espera.

Saturno

Dale un giro a estas preguntas para descubrir lo que has aprendido.

 En la actualidad, ¿cuántas lunas se cree que tiene Saturno?

 ¿En qué se parece y diferencia Titán de las otras lunas de Saturno?

 ¿Cómo es la superficie de Saturno? ¿Cómo lo sabemos?

4 ¿De qué están hechos los anillos de Saturno?

5 ¿Cómo estudian los científicos a Saturno y otros objetos que están en el espacio?